Patience en berne

Pierre Turcotte

Patience en berne

Poésie

Éditions Milot

© Éditions Milot - Paris - Pierre Turcotte
ISBN : 9782493420107

Le code de la propriété intellectuelle n'autorisant aux termes des paragraphes 2 et 3 de l'article L.122-5, d'une part, que les copies ou reproductions strictement réservées à l'usage privé du copiste et non destinées à une utilisation collective et, d'autre part, sous réserve du nom de l'auteur et de la source, que les analyses et les courtes citations justifiées par le caractère critique, polémique, pédagogique, scientifique ou d'information, toute représentation ou reproduction intégrale ou partielle, faite sans le consentement de l'auteur ou de ses ayants droit ou ayants cause, est illicite (article L.122-4). Cette représentation ou reproduction, par quelque procédé que ce soit, constituerait donc une contrefaçon sanctionnée par les articles L.335-2 et suivants du Code de la propriété intellectuelle.

*Je m'observe là-bas apparaissant et disparaissant
entre deux vagues dans le souvenir de toi tout entier immergé.*

Pierre Turcotte

Courtisan

je ne parlerai pas de ce qu'il importe de dire
je ne regarderai pas où on ausculte mon regard
se taire
fermer les yeux
pour écouter l'artère invisible
et voir le visage du silence se pencher sur moi

je ne parlerai pas de ce qu'il importe de dire
ma poésie courtise l'éphémère
le léger et l'évanescent
la trace laissée dans l'air
compte plus que le poids
échappé sur le sol

je ne suis pas celui qu'on attend
et qu'on guette
je suis le courtisan volontaire
de l'espace vide
on ne vient pas me chercher
j'y suis déjà sans qu'on sache

Instrument accordé

il me semble que tout ton être
se dévoile par la longue déchirure
du rideau soyeux de ton épiderme

quel vierge soupçon prématuré
aura permis un espace accidentel
où je puis chanter sans t'assourdir

j'offre mon absence à ta rosée
qu'elle ne se dépose brillante
que sur la forme de mon souvenir

tu vibres enfin révélation
souple brin d'herbe germé
dans nos arides solitudes

voilà ce qu'il me semble
ai-je raison d'accorder l'instrument
à mon souffle avant d'en jouer

Ouragan frère

emporte-moi au-delà du toucher
mène ma nef plus loin que l'horizon olfactif
ouvre la voie d'accès à des incrédulités précieuses
accorde-moi l'énergie des ouragans frères

Bretzel

fâché d'une colère de gros sel
il croise ses bras sur sa poitrine
creuse, tannée
le bretzel

attitude volontaire
ou repliement sur soi
le débat en moi
fait rage

je lui mords l'épaule
croquante
ma pensée reste démise
j'entends

un enfant boudeur
n'évitera pas
mes coups de dents
je demeure
plus glouton que sage

Olympe satellitaire

on frappe aux portes ouvertes avec des jointures transparentes
pour clamer le silence de l'Antiquité dans les bibliothèques
le ciel descend de l'Olympe plus bas que les satellites
plus bas que le talon d'une pensée dans une auge pleine

en quoi suis-je différent d'une rumeur sous la table du jardin ?
une rumeur entendue des seules fourmis tôt le matin
j'énonce ce que je peux – cela se perd dans les arrières boutiques
des énoncés de Vésuve à cloche-pied lancés dans toutes les
  directions

ouvrez les portes des bibliothèques de l'Olympe aux fourmis
  liseuses
écoutez le silence presque complet des arrières-boutiques
buvez les pensées des auges pleines à ras-bord du Vésuve
j'énonce ce que je peux – en quoi suis-je différent des satellites ?

Marque du temps

cette montre bracelet
au poignet du moissonneur
sème, récolte, engrange
se lève tôt le matin
se couche tard le soir
et continue de travailler
toute la nuit
la révolte du temps
n'attend pas

intimement liée
à son possesseur
elle se recharge
au mouvement de son bras
peu de machines aussi intimes
et fraternelles
elle ne redoute rien tant
que les vacances à la plage
la nouvelle mode horlogère
le séjour prolongé dans un tiroir
au cimetière des montres mortes

elle tourne, indispensable
pleine conscience
arbitre

ceux qui prétendent
que le temps n'existe pas
consultent leur montre
à toutes les heures

la montre conduit
la moissonneuse-batteuse
quand vient la fin de l'été
et que la volée de grains
s'élève dans sa propre poussière
il s'ajoute alors au compte
des intervalles temporels
le bruit et la vibration rythmique
du tracteur
les petites mécaniques
sont sensibles aux grandes

qui sait si la montre
n'échangerait pas
ses impressions
avec une horloge de buffet hongroise
communication
spatio-temporelle
et celle-là lui expliquerait en retour
comment elle apprécie la musique de Bartók

cette montre fiable et fidèle
en est à son deuxième bracelet

mais qu'adviendrait-il
si le moissonneur mourait avant elle
et qu'elle soit léguée à son fils ?

il ne servirait à rien
de semer, de récolter, d'engranger
les subdivisions du temps
au bras d'un fonctionnaire
qui ne songe qu'à arriver en retard
en faire le moins possible
et partir en avance

quel destin ce serait
pour une montre qui aime le travail
autant s'enfoncer
une aiguille dans le cœur

Collier de dents

comme le lion souriant
les dents limées
l'étau des mâchoires
resserré au col du buffle
je te sens t'agripper à mon cœur
d'un féroce élan d'appétit

hors-d'œuvre malgré moi
en fuite de toute représentation
dans l'arbitraire oracle

sans pudeur aucune
les feuilles de bananier
me couvrent à peine

banquet princier pour ta lèvre frémissante
rassasie-toi
cette morsure emballe mon sang
je t'offre des couverts d'argent
pour civiliser ta gloutonnerie

comme le buffle
portant collier de dents
j'ai le cœur qui palpite
plus interrogé que sûr
plus soumis à la loi
que tous les frémissements
que j'ai pu connaître
dans l'inconnu des inconnus

c'est que tu rages à mon cou
et que mon cœur y consent

Marguerite au rouet

chose convenue
entente nouvelle qui sépare
la laine et le mouton

hors propos ou spirales
modelant le fil
mues le cliquetis des broches
la matière valide l'instrument
blancheur et légèreté en conversation
racontent l'indécente
nudité qui bêle

plus près de la douceur
avec ou sans sommeil
nos nuitées devront compter
avec la complicité des chandails

Bouées jaunes

ces bouées jaunes
qui marquent
la zone de baignade
dans la mer
m'invitent silencieusement
à l'immersion

toute plongée m'appelle
tout comme les bulles
à la surface du champagne
qui s'écrient qu'il est temps
(temps de quoi ?)
presque poursuivies
par leur légèreté

mais il me semble
qu'il est toujours temps
pour plonger
(l'immersion serait donc temporelle ?)
la mer toujours vaste et murmurante
je m'observe là-bas
apparaissant et disparaissant
entre deux vagues
dans le souvenir de toi tout entier immergé

ces bouées jaunes
pas plus nécessaires
que leur ancrage
pour appeler ta présence

Diagonale

la ville, tête flottante, s'amarre à la grande diagonale

des câbles glissent le long d'autres câblages avec des enfants suspendus par les bras

une champignonnière armée de parasols déserts fait tache discrète

sur le gris pauvre et lustré de la mer tranquille, souris indépendante

des gens de toutes races, de toutes langues, comme sortis d'une sphère tranquille

marchent sur la promenade à pas sourds ou déclamés par l'aiguille des secondes

rien n'entache l'absence de tout qui fend l'air, cette supercherie

pas même ce pigeon à col mauve et vert dodelinant la tête et tournant sur lui-même dans la facilité de l'obsession

pas même la rumeur du cœur qui s'autorise à chanter, attaché à l'artère par un câble chargé d'enfants le long de la grande diagonale

Match de boxe

le bras fort de l'arbre
mène un combat inégal
contre la branche mère
du boxeur habile de la droite

au jardin j'écoute le Ring
l'oreille au Rhin des abîmes
qui se bat contre la mer
rumeur d'arbre impressionniste

la branche mère du boxeur
au jardin des abîmes de la mer
a l'impression de s'abattre
contre la rumeur d'or dans le Rhin

Lettre jetée au feu

avalement de cet amas de signes
sur le papier dans un agencement strict
la flamme avance en ordre de bataille
sur la feuille porteuse d'une fureur — ardeur
et dévore et consume ces mots
qui vont perdre le sens commun
d'avoir jusqu'à l'usure été trop lus

Plans superposés et autres mondes

une place ronde d'une rondeur inédite
une rue droite et flagrante
tout se dessine, s'apprivoise en plan
toute rage accumule des formes qui s'empilent

je perçois un cirque dans une fourmilière
quelque part là-dessous

il existe des plans superposés
des mondes avec leurs réalités qui s'ignorent

quel vent m'en voudra ?
seul l'air immobile garde rancune

ma patience escalade des étages
la lumière fraude aussi des étages
la nuit, le bruit et la morsure
de même que la magie noire ou blanche
explorent leur verticalité

une famille de touristes
s'installe sur un banc
un homme-touriste
une femme-touriste et des enfants
fruits turbulents de touristes
entre eux, peu d'espace
entre moi et eux, la distance — forteresse

la fourmilière s'étend sous la forteresse
là-bas le dompteur
fait saluer les fourmis-lions
et les fourmis-chevaux tournent
les fourmis-kangourous sautent
certains mondes ont des identités fortes
et géométriques

il me faut faire plusieurs tours sur la place
un gyrophare dans mon cerveau
les enfants-touristes hurlent, toupies,
courent partout les fourmis-chevaux étourdies
fuir ces plans superposés
prendre la rue droit devant, encore un pas
quitter la place ronde sans me retourner

il n'existe plus rien derrière le talon
quand on laisse derrière soi
les autres mondes
que la disparition

Quatre obturations de toi

I

que faire quand de la main émane l'écriture
mais que l'écriture ne reconnaît plus la main ?
l'ensemble de toi persiste à m'échapper

l'appel des signes rebelles
et des accessoires vengés de l'encre
deviennent vagabonds et inhabiles

impossible d'écrire ta silhouette
sans la main nue qui s'agite
et par le moyen de la seule visée

mais ma pensée gratte, moins pensée
que ta présence manquante, grattée
et, pourtant, tu me démanges

comme je serais malheureux les mains coupées
avec des ongles dans le cerveau blanchi
puisque tu ne me prêterais plus attention

tu me laisses dans des espaces
dont je dois apprendre l'utilité

II

un contenant doit
nécessairement
abriter un contenu
comme une maison
chaleureuse
une émotion

ce silence-là n'est pas vide
bien qu'il le paraisse
car il accepte d'embarquer
tous les vacarmes
et les chuchotements

ce vide-là n'est pas silencieux
bien qu'il en ait l'apparence
car il accepte de donner asile
à tous les trop-pleins
et les presque-creux

mais cet espace indéfinissable
de toi, de tous les toi, m'obsède

s'ils existaient,
le silence vide
et le vide silencieux
se compléteraient
dans le néant,
chose inimaginable
sans toi

III

à quelle vitesse prendre une courbe
au détour de la pensée ?
sinon échanger sa pensée pour des heures
avec toi

à quelle masse critique de l'argumentaire
imposer le point d'inertie ?
sinon troquer l'argumentaire pour des amalgames
de toi et moi

à quelle force centrifuge du propos fuyant
opposer une adhérence ?
sinon culbuter les propos dans l'orbite
autour de toi, mon haut et mon bas

IV

un pli
l'escarpement du papier
dans cette main
aux jointures mobiles
c'est toi, plié, rompu
dans l'écriture

le pli sommet
divise la phrase en deux
le bas des mots
ascendant et
le haut des mots
descendant
combien de sens
et de poids dispersés
le long d'une pliure
équatoriale

la phrase
à jamais incomplète
même dépliée
gardera la cicatrice

mue par la bousculade
des morphèmes
elle parcourt
sa distance-mètre

et, pourtant, fluide
voulant te désigner
censée dire bleu
elle montre
le ciel

Prendre place à table

la table porte le numéro du vide
si j'y prends place trop tard
alors s'insinue un doute
quant au poids réparti
sur chaque patte
je ne sais plus où poser mes coudes
quelle pression l'os du coude sur la table
ni si j'ai des pensées de nappes
dans les attentes éphémères

suis-je là pour déguster l'extrait du sens
ou me suis-je assis pour écrire l'ordre de l'appétit ?

beaucoup d'activité autour de la table
le soleil voilé griffe
les palmiers fièrement debout
le coin de rue nage en papillon
enroué devant les chaises
et les voitures se mordent la queue —
des éléphants dans un cirque
ne feraient pas mieux
en barrissant pour la collation

Invocation

où s'en vont ces pauvres doigts las de se croiser
ils naviguent roses au destin peu enviable des autres
l'appel du sort les jette nus dans des gants de compassion
on les retrouve au matin les jointures ternies
couvertes des plaies du murmure des chagrins sourds
où s'en vont ces pauvres doigts las de se croiser

Obligations accidentelles

| arrêt cardiaque obligatoire |

| ramassez les crottes de vos chiens de fusils |

| faites la charité bien ordonnée |

| respectez la distanciation sociale démocrate |

| attendez votre tour du chapeau |

| jurez de dire la vérité de La Palice |

| rapportez votre plateau continental |

| attendez en ligne Maginot |

| prenez un numéro de cirque |

| remettez vos devoirs conjugaux |

La pluie du toucher

viennent des mains sur mon corps
qui arrivent de partout à la fois
de l'autre côté de la rue comme du passé —
des caresses, des coups, des pressions-orgasmes

la main du sable plurielle
toutes petites menottes
celle de la mer enveloppante et fraîche
comme une salière gelée
je frissonne à la main coupée
qui chauffe des charbons perdus
et affirme son absence comme une présence
et puis, il y a les mains moites
celles-là ne se supportent qu'au sauna

je n'ai qu'une seule peau
vieille, insensible, mais nostalgique
avec une machinerie dans le souvenir

de la peau jeune d'avant
extatique, tonitruante
je retiens sa gourmandise

idiote de gourmandise
mon cerveau se prend pour une peau
e voilà qui parcourt les rues
dans des lits et sous des ombres
évocation de dermes et d'épidermes
géolocalisation des quartiers et des voisinages

mon cervelet parcourt des rues cicatrices
des rues territoires
des surfaces et des tracés
avec des mains aveugles
partout des mains
la pluie
du toucher

mon globe oculaire, substance molle
voit venir les empreintes
il amplifie les géographies
digitalise ma peau
la tienne et toutes les peaux
de toutes les mains qui trouvent
ont trouvé et trouveront

mon cerveau comme main
ma peau comme nappe au festin
confondent faim et main et besogne
confondent l'hier et le pourquoi
et la mémoire, celle-là
qui frémit sous la caresse

au fond, c'est tout comme

Mise en scène

la distribution éclair clignotante
d'un film homéopathique de série B
occupe mon esprit malfrat

l'écran nu avide de couleurs
incurvé dans ma boîte crânienne

un générique flottant et barbare
bouchon de liège dans un verre de gin
un scénario alcoolique sur pied
ont caressé du doigt l'ossature fictive
et les chairs vivantes du vide

aucune vedette sur le tapis rouge artériel
aucune figuration sous les rides creusées
aucune souffrance incinérée avant le mot fin
rien qu'un sceptre posé
sur un fauteuil de toile

Sentiment mesuré

faites-moi de la place
dans un fond de pervers souci
avec une louche de honteux travers
révélez vos gestes coupées
vos attouchements
vos parures
et vos blessures
en petites quantités

vous vous accouplez
à mes commentaires
vous arguez contre moi
vous piétinez
mes orteils bleuis

faites-moi de la place
au bord de l'eau
l'espace d'une pluie
dans une tasse à mesurer

cataloguez les plages
je suis le secret
de vos calories

vous mangerez
mon empreinte de sable
je grincerai multiple
sous votre dent

Comment acquérir la paix à petit prix

j'ai glissé la petite boîte de nuit
dans la grande boîte de jour
pour faire taire en moi
ce rythme de rumeurs
il y a beaucoup de rythmes
et beaucoup de rumeurs
avec des personnalités diverses
alors j'ai eu du mal à cerner celui-là
je l'ai appelé rythme de rumeurs
puis j'ai bien ficelé la boîte

j'ai expédié le tout
à la poste restante là-bas
hors de moi
où je pourrai le réclamer
si besoin est
je suis expéditeur receveur
j'orne ma pensée inquiète
de timbres à collectionner
qui seuls gomment le vacarme
le paquet est envoyé
et mon esprit enfin tranquille

Révoltes

aimerai-je assez la brutale nécessité
avec laquelle tu me saisis le soir

saurai-je te convaincre de persévérer
sans que tu te laisses détourner
par mes paroles qui disent le contraire

ce que je dis n'a pas d'importance
quand il s'agit des révoltes du corps

Patience en berne

soleil mordoré parti du centre vers les ceintures
plus sourire que crevasse en verre fondu

on demande la petitesse, trompés, décapsulés
en l'absence soupesée des salines, d'autres rougeurs
d'autres couleurs fausses du carquois abandonné

puis la nécessité de réclamer son dû de fourchette
et l'impossibilité de rendre justice dans l'éther fébrile
des appétits et des reconditionnements de la soif

rester calme, quoi d'autre, et patience en berne...

Crevaison, suivie de sa réflexion

puisque je roule dans ma voiture
j'adhère forcément à la route

vu de côté par un passant
une image mobile avec seulement deux pneus
(il faut s'aplatir au sol pour voir les quatre)
et je passe
et le passant de côté
me regarde
avec sa vue latérale
et je fais partie un court instant
de son paysage

comment se fait-il que je passe
mais que c'est celui qui reste
qui est appelé passant ?

mais voilà que j'ai crevé un pneu
comme un nuage gauche
et mon équilibre brisé
murmure d'une voix appauvrie
des propos d'insécurité routière et de frais
(le murmure des frais s'insinue plus sournoisement, je trouve)
que j'entends mal ou veut mal entendre
la roue arrière droite écrasée au sol
sur la grimace du caoutchouc

je n'ai pas envie de changer un pneu par cette chaleur

le ciel a un murmure sec et inarticulé
ma pensée se retrouve comme à plat
et j'ai envie de pleurer
il me faudra m'accroupir et travailler
les genoux en feu
les mains sales

le bitume brûle tout de son allume-cigare
mais le gazon pousse juste à côté
encore vert
on ne dirait pas qu'il côtoie une fournaise
je n'y avais jamais pris garde
au fond, qui se soucie
de l'étouffement d'un brin d'herbe
ou des fréquentations ardentes du gazon

il y a une bouteille vide
couchée sur l'herbe, juste à côté
elle me donne soif en suggérant
l'image de la fraîcheur au lit

il y a un appareil agricole rouillé
une machine énorme
un instrument macabre, mort et oublié
abandonné plus loin
au milieu du champ
il y a donc eu des cultures ici
au temps des autres temps
d'avant les incendies
d'avant le pneu défiguré

Jeu

autre qui s'écaille
autre jamais moi
souvent plus que moi
autre tout autre
qui mérite toute mon attention

ce décor théâtral qu'il partage
cette déclamation
ce ressort de l'action
et ce dénouement qu'il absorbe
comme un coffre

je reste à son écoute
et je prends acte en me disant
qu'il y a toujours
par quelque côté qu'on étouffe
de l'espoir en l'humanité

cette pièce n'a pas de
dernier acte
ne pas baisser les bras
chute vertigineuse

je garde espoir
mes bras
se rompent
s'écroulent
mais quoi ?

Majuscules et minuscules

je me méfie des majuscules
ces lettres prétentieuses et effrontées
qui s'octroient le privilège
de passer devant les autres
parce qu'elles ont de grands bras

les lettres mortes
qui invalident les requêtes
s'habillent toujours de robes majuscules
avec des traînes

elles dansent joyeuses
au cimetière des espérances froissées
une danse de mort
le paraphe se couche
sur un couvercle de cercueil

une minute de silence
ne suffit pas aux majuscules

les noms propres
qui s'écrivent avec
des lettres de noblesse ;
je peux comprendre
personne n'est à l'abri
d'un mouvement d'orgueil

je préfère les honnêtes minuscules
démocratiques et peintes de sourires
elles livrent modestement les messages
au petit trot
ces lettres patentes
sans autres prétentions
elles suivent leur course
en s'appuyant l'une l'autre

elles ne sont pas qu'utiles
les sentiments volontiers
les montent à cheval
comme des diamants sur des bagues

Astéroïde menaçant

même sous la menace d'un astéroïde
je ne laisserais pas faiblir mon cœur
pour battre à un autre rythme
que celui que tu lui imposes

entre nous deux, ce souple revers
où glissent des poussières indigestes
venues de cette tempête échevelée
que tu soulèves en moi

l'espace quasi nul qui nous sépare
infinitésimal et moléculaire
accueille l'air que je respire de ta bouche
quand tu dis mon nom

je ne crois pas en un amour bleui
par le manteau d'une vierge céleste
je ne crois pas qu'un sang mal rougi
puisse couler plus vite dans mes veines

à chaque instant orné d'amour
correspond une fraction d'itinéraire
je ne laisserai pas faiblir mon cœur
même sous la menace d'un astéroïde

Flamenco

depuis la racine
les cheveux tirés
jusqu'à la douleur
enroulés, certains soirs,
dans la poulie
du chignon

des boucles d'oreilles furieuses
au diamètre large et vide
découpent le vent du soir
en rondelles
sifflent de chaque côté
de ce visage andalou si beau
captant ce que les oreilles ne perçoivent pas

un rythme caché
frappé, écrasé, battu
s'élève du bois
jusque sous le talon
défiant
la gravité de la musique

un visage bouleversé
provocateur ou furieux
qu'une mèche de cheveu détachée
vient fouetter ou caresser :
violence

une posture de chat sur la défensive
suivi d'une rage de mouvements
puis l'arrêt brutal
court instant d'éternité
mais le choc des mains continue
comme venu d'un autre monde

un cri d'amour
une plainte meurtrie
et la passion qui rugit
dans cette voix grugeante
avec au moins
dix siècles d'écho

seule la guitare
aux hanches fortes
meurt plus élégante
avec sa robe de cordes
et ses coutures parallèles

Pouvoir souffler le feu

dis donc, ma belle
quel démon portes-tu en toi ?
et toi, beau cavalier
que diable lui ouvres-tu ta porte ?

quand le démon danse avec le diable
double damnation
vainement circonscrite
on peut tout attendre
de cette cavalcade

chacun porte en soi un souffle
chacun l'essoufflement d'un autre
qui regarde l'air échangé
comme une richesse nourricière
ou comme un vol d'identité

ainsi
un même air pour tous,
ma belle,
beau cavalier,
peut souffler le feu
de la damnation
pulmonaire

Barman

moustache en guidon
globe terrestre du ventre
à l'équateur délocalisé
feu de paille dans le regard
voix enrouée — craquement du cendrier

il ferme les yeux — discrétion professionnelle
propos obscènes
lignes de coke burlesques
putrides médisances
chagrins d'amour contagieux
infidélités nécessaires
ne sait rien, n'a rien vu, rien entendu

il rit à la blague ratée
court aux ordonnances
voyage en ballon — surnuméraire
fait boire l'oubli
au compte-goutte, modèle de patience

regard en lampion du sanctuaire
ventre en bidon
moustache en guidon

Tout seul

la répétition se termine
j'ai battu la mesure
mes bras pendent, las
musique soudain fardée de silence

ma main droite, métronomique
en quête du tempo de l'univers
ma main gauche, gymnastique
aime étirer l'expression

mes vertèbres cervicales vissées
à une partition à plat
j'ai aiguisé mon attention
pour détecter l'hypocrisie
rugueuse des fausses notes
elles incriminent et dévorent
la patience et mettent à l'épreuve
l'ouïe durant deux heures trente

la gare presque vide
le train vient juste de partir
pas de chance

il faut attendre le suivant
près d'une heure
le dernier train
il s'agit de ne pas le manquer

la nuit sombre avec léger brouillard
qu'un fanal sur le quai
rend sensible et froid
(si je léchais le rail
ma langue resterait collée à l'hiver)
je ne veux pas attendre
la salive du printemps
je brave le temps seul et fatigué

lire
que faire d'autre
heureusement il y a ça
ici, maintenant et partout
lire

un mois plus tôt
j'entendais le chant des grenouilles
(il y a une mare pas loin ?)
mais maintenant plus rien

quelques flocons de neige
le moteur étouffé d'une voiture qui passe
la vendeuse du petit restaurant de la gare
fait sa caisse
même en l'absence de musique
on est rarement
totalement seul

Résistance heureuse

il ne m'appartient pas de marcher sur le fil d'un couteau
ni de porter un pied-de-biche comme cravate

il ne m'appartient pas de retenir mon souffle
pour élever des statues sous-marines

pas plus que de venger les canicules
par un air emprunté et glacial

toutes ces impossibilités
qui pourtant s'invitent
accablent ce qui reste du bonheur
après en avoir consommé une partie

mais j'en suis conscient
et j'ai la résistance heureuse

Tu me diras après

tu me diras après, si tu veux
tu feras ce que tu voudras du bout des doigts
quand tu auras compris l'ordre amical
de l'heure à la montre, l'ordre
des choses, des soupirs, des cris, des rires
quand tu auras faim d'avant la faim truquée

tu me diras après, s'il n'est pas trop tard
pourvu qu'il reste quelque chose à dire de nu
pourvu que les quais flottent
(ils flottent toujours, mais sur quoi ?)
que les ponts sautent le pas
et que les tapis poussent en saignant
vert avec des traînées rouges, habituellement

tu me diras que le goût change d'ombre
que l'appel succède à la venue
que la trajectoire de l'appétit s'est inversée
c'est elle, la faim évanouie dans tes bras

tu me diras après
si je fais toujours partie pour toi
de l'équation poétique

Menace discrète

épine de la rose
cousine éloignée des ronces
menace discrète
hérissée sur la tige — arme blanche
sabre recourbé
d'un pacha menaçant
dard d'une guêpe affolée
par quelque péril

épine toujours prête
à protéger la beauté
des fleurs tristes

corps d'infanterie
de la douzaine de roses rouges
montant à l'assaut
du premier amour
et qui baptise
le plus volatil sentiment
d'une goutte de sang frais

jamais un anneau
ni même un rite
ne scellera demain
l'ourlet de ton cœur
cousu au mien
mieux que l'épine

Table des matières

Courtisan 11
Instrument accordé 13
Ouragan frère 15
Bretzel 17
Olympe satellitaire 19
Marque du temps 21
Collier de dents 25
Marguerite au rouet 27
Bouées jaunes 29
Diagonale 31
Match de boxe 33
Lettre jetée au feu 35
Plans superposés et autres mondes 37
Quatre obturations de toi 39
Prendre place à table 43
Invocation 45
Obligations accidentelles 47
La pluie du toucher 49
Mise en scène 51
Sentiment mesuré 53
Comment acquérir la paix à petit prix 55
Révoltes 57
Patience en berne 59
Crevaison, suivie de sa réflexion 61
Jeu 63
Majuscules et minuscules 65
Astéroïde menaçant 67
Flamenco 69
Pouvoir souffler le feu 71
Barman 73
Tout seul 75
Résistance heureuse 77
Tu me diras après 79
Menace discrète 81

Imprimé en Allemagne
Achevé d'imprimer en mai 2022
Dépôt légal : mai 2022

Pour

Éditions Milot
17, rue du Pressoir
95400 Villiers-Le-Bel